L. W.

PARIS-PLAGE

LE TOUQUET

PAR ÉTAPLES

(Pas-de-Calais)

Chemin de Fer du Nord

(Ligne de Boulogne-sur-Mer)

NOTE

Je n'ai certes pas la prétention de savoir écrire, et je prie ceux qui voudront bien lire cette notice de m'excuser de l'essai que j'ai voulu faire ; j'ai cherché à traduire mon impression personnelle sur Paris-Plage et ses avantages.

Que ceux qui l'ont fait avant moi, avec plus de verve, me pardonnent, et surtout ne m'en veuillent pas du plagiat auquel j'ai pu me livrer.

S'il y a quelque lacune dans mon style et si d'aucuns le trouvent naïf, tant pis ! il a au moins un mérite, il est sincère, croyez-le sincère tout simplement; Il existe un "Guide" complet publié par le Syndicat des Propriétaires de la Plage, j'engage à le consulter.

Si j'ai écrit ces quelques feuilles, c'est parce que j'aime beaucoup Paris-Plage et que je désire sa prospérité.

Voilà tout !

PAR ETAPLES

(Pas-de-Calais)

Chemin de Fer du Nord

(Ligne de Boulogne-sur-Mer)

Paris-Plage *(Le Touquet)* la plus jolie station balnéaire de cette région, est desservie par le Chemin de fer du Nord ; on descend à la gare d'Etaples, où, pendant la saison, tous les grands express font halte et dans la gare même d'Etaples stationne un tramway électrique qui vous mène à Paris-Plage en quinze minutes, la correspondance est assurée à tous les trains.

Le trajet d'Etaples à Paris-Plage se fait à travers la forêt du Touquet, c'est une promenade magnifique et p eine d'agrément ; sur le parcours il y a plusieurs arrêts qui permettent, sans se lasser, de visiter en détail cette forêt de près de 1400 hectares, dont 500 hectares sont plantés en sapins ou essences résineuses.

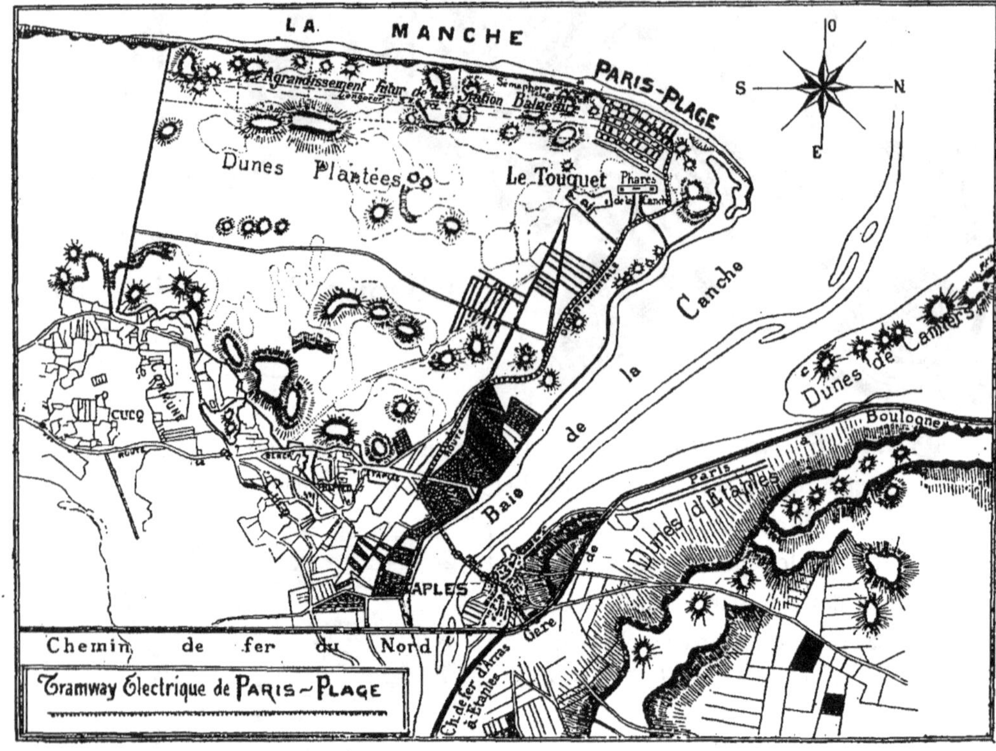

PLAN D'ÉTAPLES ET DE PARIS-PLAGE

La plage, qui a près de cinq kilomètres de longueur, est toute de sable fin, sans galets, et d'une sécurité absolue, tant pour les baigneurs que pour les enfants : on y pêche la crevette très-abondante, les coques, les flions, les équilles, grande distraction pour les parents et amusement pour les enfants ; les chasseurs trouvent le gibier d'eau en grande quantité : la sarcelle, le vanneau, les pluviers, les mouettes, le goëland, les petits échassiers, etc., etc.

Cette plage presque plane permet, à marée basse, d'installer des camps de crocket ; aussi faut-il voir les batailles qui s'y livrent.

Les avantages naturels de Paris-Plage sont incontestables ; il est en effet rare de trouver, sur une plage du Nord, et l'agrément de la mer et le voisinage de la verdure, aussi le titre " d'Arcachon du Nord " qui lui est donné est-il justement mérité.

Une vue de la Plage

Nous n'avons pas à vous parler davantage de la mer, vous la connaissez, mais l'air des bois voisins, surtout lorsque ces bois sont plantés en sapins, mélangé de l'air salin, tellement bienfaisant pour la santé de ceux qui y passent leurs vacances, que les médecins n'hésitent pas à recommander Paris-Plage comme un séjour tout à fait indispensable pour réparer les forces épuisées par les affaires et le surmenage intellectuel, et redonner la santé souvent menacée à nos « chers petits êtres » anémiés eux aussi par l'air des villes ; c'est donc, tout en y trouvant un séjour des plus agréables, une revivification, une cure tout à fait merveilleuse, qu'une saison passée à Paris-Plage.

Alors, pourquoi partir au loin, pourquoi parcourir des distances très-grandes, pour chercher la santé ou passer vos vacances ? Vous avez le bonheur sous la main et vous le fuyez ! n'avez vous pas dans Paris-Plage la réalisation absolue de tous les rêves, une mer sans danger et l'air pur de la forêt ! le tout à 3 heures 1/2 de Paris, faible distance que l'on parcourt sans s'en apercevoir, grâce aux facilités réelles que la Compagnie des Chemins de fer du Nord, toujours en quête de progrès, donne à ses voyageurs.

Vous, pères de famille, qui êtes dans les affaires, et qui ne pouvez vous absenter facilement. pourquoi envoyer au loin les êtres qui vous sont chers, pourquoi ne pas bénéficier vous-même d'une durée de trajet qui vous permet, en peu de temps, d'aller auprès d'eux et d'en revenir le cœur léger, d'avoir vu le plaisir de vos " chérubins ", d'avoir entendu leurs cris d'enthousiasme et de bonheur soit après

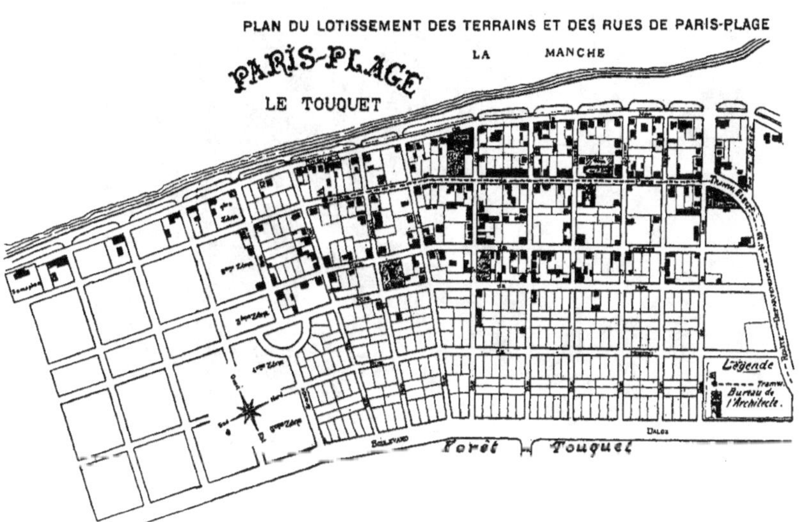
PLAN DU LOTISSEMENT DES TERRAINS ET DES RUES DE PARIS-PLAGE
PARIS-PLAGE
LE TOUQUET
LA MANCHE
Légende
Tramw.
Bureau de l'Architecte.
Forêt Touquet

une pêche abondante, ou une partie de crocket victorieuse, une promenade à âne en forêt ou encore une culbute générale des sommets des dunes en forêt.

La Compagnie des Chemins de fer du Nord délivre, à prix réduits, des billets de famille de 33 jours, des billets d'aller et retour valables 5 jours, des cartes d'abonnement d'un mois, ou de saison, des carnets de

Promenade en forêt

voyage, il suffit de demander ces renseignements à la gare même ainsi que les horaires de " bains de mer ".

Plage de repos par excellence, d'une salubrité à toute épreuve, Paris-Plage est à l'abri de tout inconvénient, grâce aux règlements d'hygiène pris par arrêtés de Monsieur Godin, le très aimable maire de

Cucq, commune dont dépend Paris-Plage, aîdé dans sa tâche par le bienveillant Monsieur Louis Hubert, adjoint spécial de notre plage.

Les règlements de la plage interdisent la création d'aucun hôpital, ni d'usines insalubres ; c'est une garantie donnée aux habitants, et à

Beutin

l'exécution de laquelle veille avec un soin jaloux, comme aussi à tout ce qui intéresse le développement de la plage, Monsieur Herbecq, l'honorable président du Syndicat des Propriétaires.

❧❧❧

Voulez-vous voir une curiosité, ce sont les phares de la Canche, situés á l'entrée de la forêt, à deux pas de la plage, ils méritent d'être visités, leurs escaliers à marches de granit suspendus dans le vide donnent une impression profonde du génie humain ; demandez l'autorisation au gardien-chef des phares, Monsieur Arnoult, qui, avec son amabilité ordinaire, vous l'accordera, faites l'ascension et vous verrez le foyer électrique le plus puissant du monde, puis sur la terrasse autour de la lanterne, vous découvrirez en un horizon infini : la plage, la mer, la forêt, les environs et, si le temps est clair, les côtes d'Angleterre.

Préférez-vous les plaisirs champêtres ? faites une excursion en voiture à Cucq, sans oublier de vous arrêter à la " Pelouse-Verte " où l'aimable maîtresse du logis vous servira une délicieuse collation avec son sourire habituel.

Les promenades en bateau sur la Canche sont très-appréciées, on déjeune à Beutin, dans les bosquets du " Franc-Picard " au bord de l'eau, dans un jardin fleuri ; il y a aussi les plaisirs de la pêche.

Si vous êtes amateur de plus longues excursions, une promenade à Boulogne-sur-Mer, une visite à Montreuil-sur-Mer, ville très curieuse et des plus séduisantes, sont choses faciles, soit en voitures, car

Vue du Marché

il n'en manque pas chez M. Hubert fils, soit en automobile, ou sur une bicyclette " La Française " dont le roulement sur ces routes est merveilleux.

Pour l'existence pratique, vous ne manquez de rien, Paris-Plage est on ne peut mieux approvisionné, il y a marché deux fois par semaine, en outre, de nombreux bouchers, épiciers, fruitiers, boulangers et pâtissiers sont installés en magasins ; le service médical est fait par plusieurs médecins et il y a plusieurs pharmacies.

Vous avez la poste et le télégraphe, vous aurez peut-être même cette année le téléphone.

La chapelle Saint-André, où Monsieur l'abbé Guérin, très honorable Curé de Paris-Plage, exerce le culte avec la bonté et le dévouement que tout le monde est d'accord à lui reconnaître, est ouverte aux fidèles tous les jours.

La rue de Paris

Il y a environ 400 châlets actuellement à la plage, et 3 hôtels bien aménagés, on trouve à se loger dans des conditions raisonnables comme prix et avec le confort nécessaire.

Les terrains du lotissement se vendent dans des conditions avantageuses, ceci pour les amateurs de construction — il y a même des châlets à vendre : nous citerions notamment la villa *Normandie*, dont nous reproduisons ci-contre la silhouette.

* * *

Enfin, nous en oublions certainement, car on pourrait écrire un volume sur Paris-Plage, sans se lasser et sans être à bout de descriptions, mais ceci n'est pas le but, nous avons voulu tout simplement vous

Le Sémaphore

indiquer une plage toute familiale où nous aurions plaisir à vous voir venir, chaque été, pour votre grand bien et celui des vôtres, c'est là ce à quoi nous visons ; notre plage est peu connue, mais est fort appréciée

Villa " La Normandie "

de ceux qui y viennent, croyez bien que nous ne voulons pas faire ici une réclame, nous ne faisons que traduire notre impression personnelle

Les Orchidées

et notre seul désir est de vous faire connaître une résidence estivale, remplissant mieux que n'importe laquelle toutes les conditions nécessaires.

Si vous y venez nous aurons atteint notre but: ce sera notre satisfaction.

L. HOLT,

Architecte

99, RUE DE LONGCHAMP

PARIS

TÉLÉPHONE 698-30

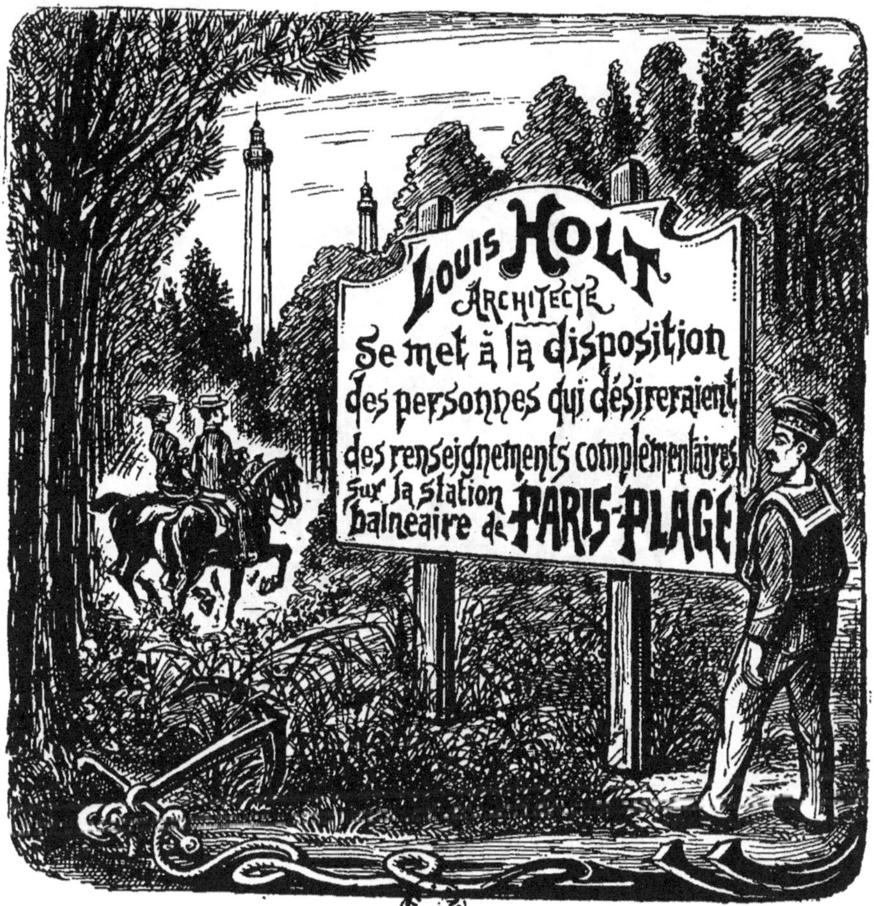
Louis HOLT
ARCHITECTE
Se met à la disposition
des personnes qui désireraient
des renseignements complémentaires
sur la station
balnéaire de PARIS-PLAGE

L. BROU. GRAV. 12 Bᵈ MALESHERBES.

www.ingramcontent.com/pod-product-compliance
Lightning Source LLC
LaVergne TN
LVHW020512230826
846091LV00008BA/3471

* 9 7 8 2 0 1 9 9 3 3 3 0 2 *